Felipe Alou:
Desde los valles a las montañas

Carol Gaab

©2012 S.F. Giants

**Cover and Chapter Art by
Irene Jiménez Casasnovas**

ISBN: 978-1-935575-65-8

Fluency Matters, P.O. Box 11624, Chandler, AZ 85248

info@FluencyMatters.com • FluencyMatters.com

A NOTE TO THE READER

This novel is a true biographical account of one of Major League Baseball's greatest players and managers, Felipe Alou. His 'story' is based on personal testimony that Felipe himself shared during an exclusive personal interview. The story of his life and career has been artfully narrated using just 150 high-frequency words in Spanish.

New vocabulary is embedded within countless cognates (words that are similar in two languages), making it an ideal read for beginning language students. A comprehensive glossary lists all vocabulary used in the story. Keep in mind that many words are listed in the glossary more than once, as most appear throughout the book in various forms and tenses. (Ex.: I go, he goes, he went, etc.) Vocabulary that would be considered beyond a 'novice-low' level is footnoted within the text, and the meanings given at the bottom of the page where each occurs.

Felipe's story is a testament to his courage and resilience. I hope you enjoy reading it as much as I enjoyed hearing it and writing it!

Índice

Acknowledgments

My eternal gratitude and thanks to Felipe Alou for not only allowing me to write his story, but for taking the time to personally share so many amazing accounts of his life and career. His sincere support of my efforts and the efforts of English language learners around the world is truly inspiring.

Many thanks to Clara Ho for 'going to bat for me' to initiate this project and for coordinating my meetings with Felipe. Without her, this book would not have been possible.

Endless thanks to the San Francisco Giants for permission to use team photos that bring this story to life. To say that I appreciate their 'Giant' support over the years would be a gross understatement. Their regard for me as a teacher and their desire to help their international players learn English is absolutely inspiring to say the least.

Capítulo 1
La República Dominicana

En el Mar Caribe, hay una isla tropical. La isla se llama La Española. La isla La Española tiene dos (2) partes: Una parte es la nación de Haití y otra parte es la nación de la República Dominicana.

La República Dominicana es famosa por un deporte: ¡el béisbol! El Béisbol es muy popular en la República Dominicana. Hay muchos beisbolistas profesionales que son de la República Dominicana. Muchos beisbolistas dominicanos son muy famosos. Son famosos en la República Dominicana y por todo Latinoamérica, pero no sólo son famosos

1

en las naciones latinas. ¡Son famosos en Los Estados Unidos también! El béisbol dominicano definitivamente llama la atención internacional.

Hay otra característica de la República Dominicana que llama la atención internacional: ¡las playas[1]! La República Dominicana también es famosa por sus playas tropicales. Muchas personas visitan las playas de la República Dominicana. Hay muchos hoteles elegantes en las playas. Es un destino de vacaciones muy popular. ¡Es un paraíso tropical!

[1]*playas - beaches*

¡Pero entre 1930 y 1961, la República Dominicana no era un paraíso! No era un destino de vacaciones, ni era famosa por el béisbol. Un dictador controlaba la nación. El dictador se llamaba General Rafael Leonidas Trujillo Molina. El General Trujillo era un líder rígido, opresivo y violento. Había mucha opresión política durante su dictadura. Había represión absoluta y el general combatió toda oposición con tácticas terroristas.

En 1937, el dictador organizó una masacre horrible. La masacre se llamó 'El Corte' (The Cutting). Había muchos haitianos (personas de Haití) que vivían en la República Dominicana. El general detestaba a los haitianos. No quería que los haitianos vivieran en la República Dominicana. ¡El general quería eliminarlos de su nación! Él dijo: *«No quiero que los haitianos vivan en mi nación. ¡Elimínenlos! Pero no asesinen a los dominicanos, sólo eliminen a los haitianos.»*

Los haitianos son personas negras. Muchos dominicanos son negros también. Para distinguir los haitianos negros de los dominicanos negros, los militares usaron una táctica ingeniosa. Era una táctica de 'santo y seña'[2]. Los haitianos no hablaban español, hablaban criollo (Creole). La pronunciación del criollo es diferente de la pronunciación del español. Los haitianos no podían pronunciar muchas palabras[3] en español. En particular, no podían pronunciar la palabra: 'perejil' (parsley). Cuando un haitiano pronunciaba 'perejil', era obvio que no hablaba español y que no era dominicano. ¡Era obvio que era haitiano! Si una persona no pronunciaba bien la palabra 'perejil', los militares lo asesinaban.

[2]*'santo y seña' – 'shibboleth': A word or pronunciation that distinguishes people of one group or class from those of another.*
[3]*palabra(s) – word(s)*

Trujillo ordenó el asesinato de (todos) los haitianos que vivían en la República Dominicana. Él les ordenó a los militares: «Eliminen a los haitianos. ¡Quiero que los asesinen a todos! Pero, no usen rifles militares. No quiero que exista evidencia militar. Usen machetes». Durante los seis (6) días de la masacre, los militares (armados con machetes) asesinaron más de 17,000 haitianos que vivían en la República Dominicana. La ironía de la masacre de los haitianos fue que el dictador era también en parte haitiano.

un machete de la Repúblic Dominicana

Durante su dictadura , el General Trujillo cometió varias otras atrocidades, pero fue responsable de actos positivos también. Fue responsable de la

Felipe Alou

construcción de escuelas, casas, hospitales y clínicas. También fue responsable de mucho progreso
económico, pero el progreso económico benefició
al general y a sus oficiales, no benefició al público.
Los políticos corruptos interceptaron mucho dinero
y los dominicanos continuaron viviendo en mucha
pobreza[4]. Muchas personas tenían severos problemas financieros.

[4]*pobreza – poverty*

Capítulo 2
La familia Rojas

Durante la dictadura del General Trujillo, muchos dominicanos vivían en la pobreza. La gente dominicana no tenía mucho dinero. Mucha gente no tenía casa y había mucha gente que vivía con hambre. También vivía con mucha opresión política. Pero en 1935, había un niño que no tenía ninguna idea de la opresión política ni de la violencia militar. El niño se llamaba Felipe Rojas Alou. En 1935, Felipe era sólo un bebé. Era el hijo de José Rojas y Virginia Alou.

José y Virginia tenían una familia grande. Tenían seis hijos (en órden): Felipe, María, Mateo, Jesús, Juan y Virginia. Para los padres, la familia era muy importante. Tenían una familia unida. Para José y Virginia, sus hijos eran todos preciosos. Ellos eran padres muy dedicados. La familia Rojas no tenía mucho dinero, pero los niños no lo notaban. Tampoco notaban las circunstancias políticas que tenían un efecto negativo en la nación y en la economía. Los niños vivían inocentemente, con la protección de padres diligentes.

La familia Rojas vivía en Haina, Kilómetro 12 en el Distrito Nacional. Se llamaba Haina Kilómetro

12 porque estaba a unos 12 kilómetros de Ciudad Trujillo[1], la capital de la República Dominicana.

Santo Domingo: El Fuerte de Concepción en la zona colonial. Entre 1930 y 1961, Santo Domingo se llamó Ciudad Trujillo.

La familia vivía con poco dinero, pero vivía en una casa buena. El padre de Felipe, un carpintero talentoso, construyó la casa de la familia. Él era carpintero y herrero[2]. Su madre era ama de casa[3].

[1]*Ciudad Trujillo - Trujillo City: General Trujillo changed the city's original name, Santo Domingo, to Trujillo City in 1930. After his assassination in 1961, the capital city's original name was restored.*

[2]*herrero - blacksmith*
[3]*ama de casa - stay-at-home mom; housewife*

Su padre era negro y su madre era blanca. Los familiares de su padre eran negros y los familiares de su madre blancos. Para Felipe y sus hermanos, era ordinario estar con gente negra y con gente blanca. Para ellos, la raza[4] no era importante. No existía una diferencia entre los negros y los blancos.

La familia Rojas era una familia muy respetada en la comunidad de Haina. Los padres mantenían una familia estable e insistían en que sus hijos fueran personas buenas. Insistían en que vivieran con integridad y honor. También insistían en que sus hijos recibieran[5] una educación excelente. ¡La educación de sus hijos era muy importante!

Felipe y sus hermanos iban a la escuela primaria en Haina, Kilómetro 12 e iban a la escuela secundaria[6] en Santo Domingo.

Una escuela moderna en Santo Domingo

[4]*raza - race*
[5]*(que) recibieran - (that) they receive*
[6]*escuela secundaria – high school (secondary school)*

10

Felipe era inteligente y atlético. Era un estudiante excelente y dedicado. ¡Era una persona muy talentosa! Él estaba muy motivado y vivía con una idea…o una premonición…sentía que iba a hacer algo importante con su vida.

En el 11° grado, la comisión del Equipo Nacional de Atletismo[7] de la República Dominicana seleccionó a Felipe para el equipo, un honor tremendo. Felipe era lanzador de jabalina[8] y su participación en el equipo era la primera indicación de que iba a hacer algo muy importante con su vida.

[7]*Equipo Nacional de Atletismo – National Track Team*
[8]*lanzador de jabalina – javelin thrower*

Capítulo 3
Dedicación o consecuencias

Mientras Felipe estaba en el Equipo Nacional, él no podía participar en béisbol ni en otros deportes en la escuela. Él tenía que concentrarse en lanzar la jabalina. Tenía que hacer mucho ejercicio y tenía que practicar intensamente para prepararse para los Juegos Centroamericanos.

En 1954, durante el 12° grado en la escuela secundaria, Felipe fue a México con el Equipo Nacional para competir en los Juegos Centroamericanos. ¡El equipo dominicano estuvo horrible! No ganó ni una medalla y el dictador, el General Trujillo, no estaba contento. *«Qué desgracia!»*, gritó el dictador furioso. *«No ganar ni una medalla no es aceptable. ¡El equipo tiene que practicar más!»*.

En 1955, el dictador Trujillo llamó a varios expertos en atletismo para entrenar[1] a los atletas. Él ordenó que todos practicaran mucho: *«¡Practiquen! ¡Tienen que concentrarse!»*. El dictador insistió en que todos los atletas dedicaran mucha energía y atención a su entrenamiento[2]. Él insistió en 100% dedicación. Quería eliminar todas las distracciones y por eso, no permitió que los chicos hablaran con las chicas.

«¡Hablar con chicas está prohibido!», declaró el Mayor Sergio Vicioso, un oficial militar del dictador. El Mayor Vicioso fue el Director de la Delegación Dominicana de los Juegos Panamericanos en la Ciudad de México. Él fue el responsable del equipo y de los atletas. *«Si un chico habla con una*

[1]entrenar - to train
[2]entrenamiento - training

chica durante su entrenamiento, vamos a elim-
narlo... del equipo». Todos los atletas se sentían
nerviosos. No querían tener problemas con el
Mayor Vicioso.

Después de unos días, el Mayor Vicioso llamó a
un chico del equipo:

> – ¿Hablaste con una chica ayer[3]? –le pre-
>   guntó irritado.
> – No, señor. No hablé con ninguna chica–
>   le respondió el atleta nervioso.
> – ¡Mentira[4]! –le gritó el mayor furioso y al
>   instante, expulsó al atleta del equipo.

Felipe y los otros atletas practicaban mucho. Tenían que hacer mucho ejercicio y tenían que
practicar técnicas deportivas. Había dos opciones:
Dedicarse al entrenamiento o abandonarlo y sufrir
las consecuencias. Los atletas dedicaban muchas
horas al entrenamiento y realmente, no podían
tener vida social. Felipe no quería problemas, así
que no habló con ninguna chica. Se dedicó completamente a su entrenamiento.

[3]*ayer - yesterday*
[4]*mentira - lie*

14

Capítulo 4
Atención internacional

Felipe era un atleta muy dedicado y muy talentoso. Su dedicación y atletismo eran muy notables y un día, su entrenador le dijo:

> – Felipe, tú eres muy inteligente y atlético. Quiero que juegues al béisbol también.
> – ¿Quiere que yo participe en dos deportes?
> – Sí –le respondió el entrenador firmemente.

– Está bien –le respondió Felipe con confianza.

Felipe se graduó de la escuela secundaria y entró
en la Universidad de Santo Domingo. Quería ser
doctor y sus padres estaban muy contentos. Ellos
también querían que él fuera doctor. Felipe jugaba
para el equipo de béisbol universitario y era un jugador excelente. Él era un líder en el equipo y en
1955 el equipo ganó el Campeonato Colegial.
Otra vez, el atletismo de Felipe fue notable. Muchos entrenadores y agentes internacionales observaron el talento de Felipe.

Felipe continuó practicando con el Equipo Nacional también. El equipo se preparaba para los
Juegos Panamericanos y Felipe practicaba dos deportes: el lanzamiento de jabalina y el béisbol.

En marzo de 1955, Felipe fue a competir en los
Juegos Panamericanos en México. Fue con el
Equipo Nacional de Atletismo y con el Equipo Nacional de Béisbol. Pero a última hora, los entrenadores decidieron expulsar a Felipe del equipo de
atletismo. Querían que Felipe se concentrara en el
béisbol exclusivamente. Fue una decisión buena

porque ¡el equipo de béisbol ganó la medalla de oro[1]! Ganó el juego final (10 a 4) versus los Estados Unidos.

El gran talento de Felipe llamó más la atención internacional. Entrenadores y agentes de los Estados Unidos observaban a Felipe. ¡Todos estaban impresionados con su atletismo y su habilidad! Muchos querían convencerlo de jugar profesionalmente, pero Felipe no quería abandonar su plan de ser doctor. Sus padres tampoco querían que él abandonara sus estudios universitarios. Su padre no tenía una opinión favorable del béisbol. «Jugar al béisbol no es una profesión respetable, no es una profesión legítima», decía su padre.

Felipe regresó a la universidad y continuó sus estudios médicos. Los entrenadores y agentes querían convencerlo de jugar al béisbol profesionalmente. «Eres un beisbolista excelente. ¡Puedes jugar en las Grandes Ligas!», insistían. Para Felipe era una tentación. ¡Los entrenadores eran muy convincentes! Jugar en los Estados Unidos sería[2] una experiencia

[1]*oro - gold*
[2]*sería - it would be*

increíble, pero la opinión de sus padres era muy importante. ¿Qué opinaría[3] su padre? Felipe se sentía en conflicto. Él realmente quería ser doctor, pero no quería ignorar una oportunidad extraordinaria tampoco. Él tenía que considerar a su familia también. Sus padres tenían problemas financieros y Felipe podría[4] ganar mucho dinero jugando al béisbol. Estaba en conflicto acerca de qué hacer.

Después de mucha deliberación y reflexión, Felipe decidió jugar al béisbol profesional. En noviembre de 1955, Felipe Alou firmó[5] con los Gigantes de Nueva York por $200.

[3]*Qué opinaría - What would he think; What would his opinion be?*

[4]*podría - s/he could*

[5]*firmó - s/he signed*

Después de firmar con los Gigantes, Felipe ya no se llamaba Felipe Rojas Alou. Se llamaba incorrectamente Felipe Alou. El agente americano no entendió que Rojas era el apellido[6] de su padre y el apellido correcto de la familia. No entendió que Alou era el apellido de su madre, ni entendió que en la República Dominicana, se usaban dos apellidos: El apellido principal es el apellido del padre y el segundo[7] apellido es el apellido de la madre.

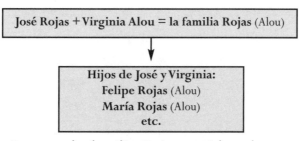

José Rojas + Virginia Alou = la familia Rojas (Alou)

Hijos de José y Virginia:
Felipe Rojas (Alou)
María Rojas (Alou)
etc.

Por eso, la familia Rojas accidentalmente se convirtió en la familia Alou. Felipe no quería corregir al agente y firmó su contrato con el nombre incorrecto. Él firmó: *Felipe Alou.* Así[8] cometió Felipe su primer error con los Gigantes y sin jugar ni un juego.

[6]*apellido - surname (last name)*
[7]*segundo - second*
[8]*así - like this*

Capítulo 5
Obstáculos

Al firmar con los Gigantes, Felipe se encontró con su primer obstáculo: No podía obtener una visa. Sin una visa, no podía entrar en los Estados Unidos. Felipe se sentía emocionado y nervioso. Esperaba con impaciencia su visa. ¡Quería salir para los Estados Unidos! *«No hay problema»*, le dijo Horacio Martinez, el buscador ('scout') de los Gigantes. *«Estos problemas de la visa son comunes. Tienes que esperar con paciencia»*. Felipe esperó… y esperó.

Por fin, su visa llegó y Felipe salió para los Estados Unidos. Iba a jugar para el equipo en Danville, Virginia, pero la lista de jugadores ya estaba completa. Por eso, Felipe tenía que jugar en Lake Charles, Louisiana. Cuando Felipe salió para Louisiana en los Estados Unidos en 1956, no tenía ni idea de que iba a encontrarse con obstáculos inimaginables.

Al llegar a Louisiana, Felipe se encontró con su segundo obstáculo, un obstáculo enorme: No hablaba inglés. ¡No entendía ni una palabra de inglés y Felipe sintió mucho estrés por eso! La gente en Louisiana no sentía nada de compasión por una persona que no podía hablar inglés. Sentía menos compasión por una persona negra que no podía hablar inglés. La gente blanca no quería comunicarse con Felipe y la gente negra no podía. ¡Felipe no podía comunicarse con nadie!

Felipe sentía mucho estrés. Por fin, se encontró con un latinoamericano en el aeropuerto. ¡El latinoamericano hablaba inglés y español! Felipe estaba feliz. Salió del aeropuerto con el latino y los dos salieron en un taxi. El taxista era negro, pero no hablaba español. El taxista le hablaba en inglés al latinoamericano:

> – Wua wua wua wua wua.
>
> – Yea –le respondió el latino.
>
> – Wua wua.
>
> – Yea.
>
> – Wua wua wua wua.
>
> – Yea.

Felipe no entendía ni una palabra. Estaba muy confuso y cuando llegaron a su destino, le preguntó al latino:

> – ¿Qué quiere decir[1] 'yea'?
>
> – Quiere decir 'sí'. Es otra manera de decir 'yes' –le respondió el latino.

En ese momento, Felipe comprendió la severidad de su incapacidad para comunicarse en inglés.

Felipe se encontró con otro obstáculo en Louisiana: ¡Discriminación! Salió de la opresión de un dictador en la República Dominicana y se encontró con la opresión de actitudes racistas en los Estados Unidos. No sólo se encontró con actitudes racistas, se encontró con leyes[2] racistas también.

[1]*¿Qué quiere decir? - What does (yea) mean?*
[2]*leyes - laws*

En los años 50 en los Estados Unidos, las leyes de segregación eran comunes: Las personas negras no podían usar el mismo baño que las personas blancas. Las personas negras no podían sentarse en la parte delantera[3] del autobús. Las personas negras no podían entrar en el mismo restaurante que las personas blancas.

Todas las leyes de segregación afectaron a Felipe, pero una en particular lo afectó muchísimo: Los atletas negros no podían jugar en el mismo campo[4] que los atletas blancos. ¡Los negros no

[3]*la parte delantera - the front (part)*
[4]*mismo campo - same field*

podían jugar con los blancos! ¡Estaba prohibido! Felipe no podía jugar con el equipo en Lake Charles porque era 'negro'. Por primera vez[5], Felipe sintió la discriminación. La discriminación era detestable.

En Louisiana y en otras áreas de los Estados Unidos, había un movimiento para eliminar la segregación. Había una legislación en Louisiana para permitir a los atletas negros jugar con los atletas blancos en el mismo campo. La gente de Louisiana iba a votar en la legislación. *«Tienes que esperar, Felipe»*, su mánager le dijo en inglés. *«La gente de Louisiana va a votar por una ley y entonces podrás[6] jugar con el equipo»*. Felipe esperó... y esperó...

Un día, el mánager llamó a Felipe: *«¡Alou! ¡A la oficina!»*. Felipe fue a la oficina y estaba nervioso. *«¿Qué quiere el mánager?»*, se preguntó. El mánager habló con Felipe durante unos minutos:

> – Alou, wua wua wua. Wua Wua Wua? –le preguntó el mánager, esperando una respuesta de Felipe.

[5]*por primera vez - for the first time*
[6]*podrás - you will be able*

– Yea –le respondió Felipe sin comprender ni una palabra.

– Wua wua wua. Wua wua.

– Yea.

Al día siguiente, Felipe fue al estadio, pero no había ningún beisbolista en el campo. *«¿Dónde están los beisbolistas?»,* se preguntó Felipe confuso. Entonces, una voz gritó: *«Alou!»* y en ese momento, Felipe observó que todos sus compañeros del equipo[7] estaban en un autobús. Todos tenían maletas[8] grandes. Felipe entró al autobús sin una maleta, sin dinero y sin ninguna idea de lo que estaba ocurriendo. Después de unas horas, Felipe comprendió la situación: El equipo tenía muchos juegos en otras partes de Louisiana y no iba a regresar a Lake Charles por nueve (9) días. Otra vez, Felipe sintió mucho estrés.

Unos días después, el equipo fue a Baton Rouge para un juego. Todos, incluso Felipe, llegaron en uniforme. Felipe no podía jugar, pero tenía un uniforme oficial y normalmente podía sentarse con el

---

[7]*compañeros del equipo - teammates*
[8]*maletas - suitcases*

equipo. Al llegar al estadio en Baton Rouge, los beisbolistas fueron a la entrada designada para los atletas. Unos atletas blancos entraron, pero cuando Felipe estaba a punto de entrar, la policía bloqueó la entrada. *«¡No negros!»*, gritó un policía. *«No puedes usar la entrada para los atletas blancos, ¡usa la entrada para los negros!»*, gritó otro policía.

Un compañero blanco del equipo, que se llamaba Bill Russell, quería que Felipe entrara con el equipo. Él agarró a Felipe e intentó entrar con él, pero la policía reaccionó con furia. Había mucha conmoción y Felipe sintió la tensión. Un policía agarró a Felipe y le gritó: *«Esta entrada es sola-*

mente para los atletas blancos. Vas a usar la entrada para los negros o no vas a entrar!».

Felipe no quería problemas, así que entró en el estadio por la entrada para los negros. La policía no permitió que él se sentara con el equipo y por eso, se sentó con los fans negros, en la sección designada para los negros.

Después de regresar a Lake Charles, la gente votó por la ley que les permitiría a los negros jugar con los blancos en el mismo campo. Desafortunadamente para Felipe, la gente votó 'no'. Poco después, la liga votó a favor de eliminar dos equipos: Lake Charles y Lafayette, los dos equipos que tenían beisbolistas negros. Al final, Felipe no pudo[9] jugar al béisbol con el equipo de Lake Charles.

[9]*no pudo - was not able; could not*

Capítulo 6
¡Hambre!

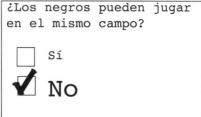

Desilusionado, Felipe esperaba en la estación del autobús en Lake Charles. Iba a ir a Florida para jugar con el equipo en Cocoa, Florida. El mánager le dijo: *«Se les permite a los negros jugar en Florida»*. Felipe estaba esperando en la estación, pero realmente no quería ir a Florida. Quería regresar a la República Dominicana.

Felipe se subió al autobús e iba a sentarse en frente, pero estaba prohibido. Sólo la gente blanca podía sentarse en frente. Todos los blancos se sentaban en frente y todos los negros se sentaban en la parte trasera[1]. Felipe no era la excepción. Se sentó en la parte trasera del autobús.

[1] *la parte trasera - the back (part)*

El autobús paraba[2] frecuentemente. Mucha gente se bajaba y se subía. Después de unas horas, el autobús paró[3] y el chofer gritó: ¡A comer! Felipe estaba feliz porque tenía mucha hambre. Todos los blancos se bajaron del autobús y entraron al restaurante. Todos los negros se bajaron también, pero no entraron al restaurante. ¡Estaba prohibido! Los negros no podían entrar al restaurante. Todos los negros fueron a un área designada para "Coloreds". Felipe no comprendió la palabra "coloreds," pero

[2]*paraba - it stopped (frequently)*
[3]*paró - it stopped*

notó que todos los negros formaron una fila[4] en esta área. Felipe fue con los negros y esperó en la fila.

Mientras Felipe esperaba en la fila, notó que los negros que estaban adelante[5] en la fila salían con fruta y sándwiches. Le llamó la atención un sándwich en particular. Era en forma de disco y ¡olía[6] delicioso! Felipe tenía mucha hambre y quería comer el sándwich que olía delicioso. Continuó esperando, pero después de unos minutos, el chofer

[4]*fila - line*
[5]*adelante - in front*
[6]*olía - it smelled*

gritó: «*¡Wua wua!*». Felipe no lo entendió, pero observó que los negros salieron de la fila. Todos se subieron al autobús y otra vez, Felipe se sentó en la parte trasera del autobús. ¡Tenía mucha hambre!

El autobús continuó hacia Florida, parándose frecuentemente. Cuando el autobús se paró, Felipe, que ahora tenía muchísima hambre, se preguntó: «*¿Vamos a comer ahora?*». Después de unas horas, el autobús paró para comer. El chofer gritó: ¡A comer! y entró al restaurante. Entonces, todos los blancos se bajaron del autobús y entraron al restaurante. Los negros no podían entrar al restaurante, así que se bajaron del autobús y fueron al área designada para "Coloreds".

Felipe se bajó del autobús y esperó un momento para observar donde iban a formar la fila para los negros. ¡Ahora Felipe tenía mucha hambre! Esperaba en la fila, observando a la gente que tenía fruta, sándwiches y otra comida[7]. En particular, notó los sándwiches que tenían forma de disco y que olían delicioso. Felipe olía los sándwiches y ¡quería comerlos! ¡Ahora tenía muchisísima ham-

[7]*comida - food*

31

bre! Después de esperar en la fila una eternidad, el chofer salió del restaurante y gritó: *«¡Wua Wua!»*. Felipe entendió perfectamente. Regresó al autobús, se subió y se sentó en la parte trasera. ¡Tenía muchisisísima hambre!

El mismo escenario se repitió y repitió. Se repitió por toda la ruta a Florida. Durante tres (3) días, Felipe estuvo en el autobús. ¡Durante tres días, casi[8] no comió nada! Llegó a Florida con muchísima hambre! Sufría de cruel discriminación, horrible hambre y extrema fatiga. ¡Quería regresar a la República Dominicana!

Cuando el autobús estuvo a unos kilómetros de Cocoa, la última persona blanca se bajó del autobús. Felipe estaba solo. No había otra persona, ni blanca, ni negra. Felipe decidió moverse y fue a sentarse en frente. Se sentó detrás[9] del chofer y el chofer respondió con gritos furiosos: *«¡WUA WUA WUA!¡WUA WUA WUA WUA! ¡ WUA!»* Felipe no entendió ni una palabra, pero comprendió exactamente lo que quería el chofer– ¡Quería que se sentara atrás! Felipe no se movió. El chofer gritó más,

[8]*casi - almost*
[9]*detrás - behind*

pero Felipe lo ignoró y no se movió. No quería problemas, pero no iba a moverse atrás, especialmente cuando no había ninguna otra persona en el autobús. Estaba completamente disgustado.

Felipe se sentó detrás del chofer, contemplando su regreso a la República Dominicana. Ya no quería estar en los Estados Unidos, ¡quería regresar a casa! Prefería vivir en una dictadura que en una democracia donde se abusaba de gente inocente. Felipe se sentía con el conflicto de qué hacer: *«¿Me bajo en Cocoa o continuo a Miami para regresar a casa?»*

Por fin, después de tres horribles días , el autobús se paró en Cocoa y Felipe se bajó.

Capítulo 7
Mi primera hamburguesa

Felipe estaba feliz. Por fin, ¡podía jugar! Jugó con el equipo en Cocoa y después de pocos días, su talento llamó la atención de todos. Su mánager notó su talento y lo apreció. Los fanáticos admiraron a Felipe y lo consideraron un jugador excelente. Cuando Felipe bateaba[1], los fanáticos esperaban un jonrón (homerun).

Un día, durante un juego en Cocoa, Felipe fue

[1]bateaba - batted; was batting

al plato para batear. Los fanáticos gritaron: *«¡Felipe! ¡Felipe!»*. Felipe se concentró en el lanzador y el lanzador se concentró en Felipe. Él lanzó la pelota[2] y *«¡CRAC!»*. Los fanáticos gritaron con entusiasmo y el anunciador gritó: *«¡Jonrón! ¡Jonrón! ¡Felipe Alou gana el juego!»*.

Los fanáticos estaban felices y 'pasaron el sombrero' para Felipe. *«¡Felipe!»*, gritó su compañero del equipo. *«Los fans están pasando el sombrero para ti»*. Felipe no entendió las palabras, pero comprendió la implicación: Los fanáticos estaban muy felices.

[2] *la pelota - the ball*

35

Después de pocos minutos, unos fanáticos llamaron a Felipe con entusiasmo. Tenían un sombrero, ¡un sombrero con dinero! Un fanático le dio el sombrero a Felipe y le dijo feliz:

> –¡Felipe, eres un pelotero[3] fantástico! ¡Pasamos el sombrero para ti!

> –Gracias –le respondió Felipe, un poco tímido.

> –¡Hamburgers! –gritó un compañero del equipo con entusiasmo.

Felipe no entendió y le preguntó:

> –¿Qué es 'hamburgers'?

> –Hamburgers… Tienes que comprar hamburguesas –le respondió en inglés.

Otro compañero agarró el dinero del sombrero y repitió:

> –Tienes que comprar hamburguesas.

> –¡Es la costumbre! –le explicó otro compañero–. El que recibe el sombrero tiene que comprar hamburguesas para el equipo.

Su compañero le dio el dinero a Felipe y ahora,

---

[3]*un pelotero - a (base)ball player*

él comprendió: Con el dinero, tenía que comprar hamburguesas para todos.

Después del juego, Felipe fue con los peloteros negros para comprarles hamburguesas. Los peloteros blancos no fueron con los peloteros negros. No era aceptable para los blancos comer en un restaurante para negros. Y los negros no podían entrar en un restaurante para blancos. ¡Estaba prohibido! Así que, Felipe fue con sus compañeros negros a un restaurante en la zona de negros.

Al entrar al restaurante, las hamburguesas olían excelente. «Mmmm», Felipe olió las hamburguesas y reconoció el olor delicioso. Observó a una chica que tenía un sándwich en forma de disco. Ahora comprendió perfectamente: el sándwich circular se llamaba ¡hamburguesa!

Felipe compró hamburguesas y todos los peloteros se sentaron a comerlas. Felipe agarró su hamburguesa y exclamó muy feliz: «*¡Por fin! Mi primera hamburguesa*». Felipe comió su primera hamburguesa y estaba muy contento.

Capítulo 8
Un equipo dividido

Felipe estaba feliz. Jugaba bien y se ganaba el respeto de su mánager y de los fanáticos. Pero todavía vivía con la discriminación. Los peloteros negros no podían vivir con el resto del equipo. Mientras los peloteros blancos vivían en buenas condiciones, los peloteros negros vivían en malas condiciones discriminatorias. Todos los negros tenían que vivir en la zona designada para los negros. No importaba su posición ni su profesión.

En Cocoa, Felipe vivía en un apartamento de dos pisos[1]. El apartamento estaba en la zona negra de Cocoa. La condición del apartamento era deplorable. Felipe vivía en el segundo piso con otros dos peloteros negros. El piso de su apartamento era un piso de madera[2]. Había espacios grandes en el piso, espacios tan grandes que ¡Felipe y sus compañeros podían observar a las personas que vivían

[1]*dos pisos - two floors*
[2]*piso de madera - wood floor*

38

abajo. Felipe se imaginaba que un día, el piso causaría[3] un accidente horrible.

Mientras Felipe vivió en Lake Charles, Louisiana,
vivió con una familia blanca. Vivía en una zona de
blancos, pero vivía en secreto. Felipe no podía usar
la entrada principal de la casa. Tenía que entrar por
el garaje y no podía entrar ni salir durante el día.
La familia no quería que nadie notara que un negro
estaba viviendo en su casa. Por eso, Felipe entraba
y salía en secreto todos los días.

Los peloteros negros tampoco podían comer con
los peloteros blancos. Los peloteros negros tenían
que comer a solas o tenían que comer en restau-
rantes designados para negros.

Un día, el equipo fue a un juego en otra parte
de Florida. Fueron en tres carros. Felipe y dos compañeros negros fueron en el mismo carro. Después
del juego, el equipo fue a comer en un restaurante.
Los peloteros blancos entraron al restaurante y
como era la costumbre[4], los peloteros negros esperaron en el carro. No podían entrar en un restaurante para blancos.

[3]causaría - would cause
[4]como era la costumbre - as was the custom

39

Mientras Felipe y sus compañeros negros, Jim Miller y Chuck Howard, esperaban en el carro, unos clientes blancos llegaron al restaurante. Observaron a los tres negros en el carro y fue obvio que no estuvieron contentos. Ellos entraron al restaurante y después de pocos minutos, la policía llegó al restaurante. Un policía les ordenó a los negros: «*¡Bájense del carro!*». Al instante, los compañeros de Felipe se bajaron del carro, pero Felipe no se movió. No se bajó del carro. El policía le ordenó furioso: «*¡Bájate! No puedes esperar en el carro. Esta área es solamente para gente blanca*».

En este momento, dos peloteros blancos salieron del restaurante con comida para los peloteros negros. Ellos observaron a la policía y entraron al restaurante. El policía continuó gritándole a Felipe y un minuto después, su mánager salió del restaurante. Su mánager habló con la policía:

– ¿Hay problemas? –le preguntó el mánager al policía.

– Sí, los negros no pueden esperar en el carro. Esta área es solamente para gente blanca.

– Comprendo, –le respondió el mánager, observando a Felipe en el carro.

Entonces, el mánager del equipo se subió al carro y lo movió a la calle[5]. Entonces, se bajó del carro y otra vez, entró al restaurante. Los dos peloteros negros se subieron al carro y los tres negros esperaron en el carro… en la calle.

[5]*calle - street*

Capítulo 9
Discriminación sin límites

Felipe no permitió que el racismo lo afectara. Se concentró en jugar al béisbol. ¡Era un jugador excelente, bateando .380 con 21 'homeruns'. Los mánagers de los Gigantes estaban muy impresionados y lo subieron a la Liga del Este[1].

Felipe estaba feliz. Todo era diferente en el Este. No había tanto racismo ni tanta discriminación. No existían zonas para negros, ni entradas para negros tampoco. Por primera vez, Felipe podía vivir con el equipo. Fue con el equipo a su primer hotel americano: The Stearns Hotel en Springfield, Massachusetts. *«Me siento como un rey[2]»*, exclamó Felipe feliz.

Felipe continuó jugando muy bien. ¡Era un bateador fenomenal, bateando más de .300! Su habilidad tremenda continuó llamando la atención de todos. En 1958, los Gigantes subieron a Felipe a la

[1]*Liga del Este - Eastern League*
[2]*rey - king*

Liga de la Costa del Pacífico. Felipe continuó impresionando a todos y después de sólo 2 meses en la Liga de la Costa del Pacífico, lo subieron a Las Grandes Ligas . ¡Felipe era un Gigante de San Francisco!

Durante 1958 y 1959, los Gigantes de San Francisco jugaron en 'Seal Stadium' mientras construían 'Candlestick Park.'

En 1958, los Gigantes ya no jugaron en Nueva York. El equipo se movió a San Francisco. Ahora se llamaban los Gigantes de San Francisco. En 1958, sólo había un jugador dominicano en Las Grandes Ligas, pero para los Gigantes de San Francisco, no era importante. Los Gigantes planeaban con una visión del futuro y tenían confianza en el talento de Felipe.

En su primer juego en Las Grandes Ligas, Felipe jugó bien, bateando como un experto. Tres días después, ¡tuvo su primer jonrón!

Todo era diferente en Las Grandes Ligas. Había más expectativas. Los peloteros tenían que representar al equipo de una manera muy profesional. Los peloteros tenían que llevar un uniforme para toda ocasión: Tenían que llevar un uniforme oficial durante los juegos y tenían que llevar un uniforme para practicar. En otras ocasiones, los peloteros tenían que llevar un traje[3].

Ni Felipe ni su compañero del equipo, Orlando Cepeda de Puerto Rico, tenían un traje elegante. Ellos querían representar a los Gigantes de una manera respetable y profesional. Estaban muy orgullosos[4] de ser parte del equipo y querían representarlo bien. Así que después de un juego en Philadelphia, los dos peloteros latinos decidieron ir a comprar

[3]*un traje - a suit (a business suit)*
[4]*orgullosos - proud*

un traje nuevo[5].

Felipe y Orlando fueron a la zona de tiendas[6] elegantes en Philadelphia. Entraron en varias tiendas para seleccionar el traje perfecto. Después de unas horas, los dos compraron un traje súper elegante y los dos estaban muy orgullosos. Salieron de la tienda, esperando el momento en que pudieran[7] llevar sus trajes nuevos.

Después de jugar en Philadelphia, el equipo fue a Pittsburgh. Todos los peloteros, blancos y negros, fueron al mismo hotel. Felipe estaba feliz y orgulloso. Al llegar al hotel, Felipe observó que había un restaurante elegante.

> –Cepeda, ¿quieres ir al restaurante? –le preguntó Felipe feliz–. Podemos llevar nuestros trajes nuevos.
>
> –¡Perfecto! –le respondió.

Después de una hora, Felipe fue al restaurante elegante con Orlando Cepeda. Los dos peloteros se sentían muy orgullosos llevando sus trajes nuevos. ¡Realmente eran trajes impresionantes! Felipe

[5]*nuevo - new*
[6]*tienda(s) - store(s)*
[7]*pudieran - they could*

45

y Orlando se sentían felices y emocionados cuando entraron al restaurante. Entraron con orgullo.

> – ¿Qué hacen? ¿Quieren trabajo[8]? –les preguntó el mánager (el director) del restaurante con un tono detestable.
>
> – No queremos trabajo, queremos comer –le respondió Felipe con confianza.
>
> – ¿Qué es lo que realmente quieren?
>
> – ¡Queremos comer! –le respondió Felipe firmemente.

[8]*trabajo - work*

– ¿Tienen reservaciones? –le preguntó con arrogancia.

– No, no tenemos reservaciones.

– En ese caso, no es posible comer aquí[9]

–le dijo cruelmente.

Felipe y Orlando regresaron al hotel y fueron a su habitación[10]. Llamaron al servicio de habitaciones y comieron en su habitación. Todavía llevaban sus trajes nuevos.

[9]*aquí - here*
[10]*habitación - room (sleep room or bedroom)*

Capítulo 10
Los gigantes de Las Grandes Ligas

Felipe y su hermano saltan de alegría.
(Felipe and his brother jump for joy.)

Felipe continuó jugando para los Gigantes durante seis años, pero no fue el único 'Alou' que fue un pelotero extraordinario. Su hermano, Mateo 'Matty' Alou, fue un pelotero fenomenal también. Los Gigantes firmaron con él en 1957 y lo subieron a Las Grandes Ligas en 1961. ¡Felipe estaba feliz! ¡Estaba con su querido[1] hermano!

Los hermanos jugaban muy bien y su talento impresionó a muchos. Ganaron el respeto de los fanáticos y los profesionales del béisbol. Pero todavía se encontraron con obstáculos. Ninguno de los dos podía hablar inglés muy bien y por eso, preferían hablarse el uno al otro en español. Los Gigantes no permitían que los hermanos Alou se hablaran en español. ¡Hablar español estaba prohibido! Años después, Felipe reflexionó: *«Tenía confianza en mis habilidades y en mi inteligencia. Por eso, no me importó que no nos permitieran hablar en español. Matty era mi hermano. Lo quería mucho. Cuando hablaba con mi querido hermano, le hablaba en español»*.

Los hermanos Alou continuaron haciendo histo-

[1]querido - beloved, loved

49

ria. En 1963, los Gigantes de San Francisco firmaron con Jesús "Jay" Alou. ¡Había tres hermanos en el mismo equipo! En septiembre del mismo año, los hermanos Alou hicieron historia con Las Grandes Ligas: Era la primera vez que tres hermanos bateaban en el mismo equipo y más notable, era la primera vez que bateaban en ¡la misma entrada[2]!

El 15 de septiembre, hicieron historia otra vez: el juego comenzó con los tres hermanos en el jardín[3]. Los tres hermanos hicieron historia varias veces y estaban muy, muy felices. Jugar con sus hermanos en el mismo equipo era una maravilla para Felipe.

Pero en 1964, la reunión de los hermanos Alou abruptamente llegó a su fin. Los Gigantes cambiaron[4] a Felipe a los Milwaukee Braves. Felipe estaba devastado. Quería vivir con sus hermanos, quería jugar con ellos. Pero Felipe tenía un espíritu firme y una gran capacidad de adaptarse. Fue a Milwaukee y jugó muy bien para los Braves y continuó jugando en Las Grandes Ligas durante 17 años.

[2]*entrada - inning (entrance)*
[3]*jardín - outfield (garden)*
[4]*cambiaron - they traded (changed)*

Todos los hermanos Alou continuaron jugando en Las Grandes Ligas durante 49 años en total. Los hermanos celebraron muchas victorias importantes y premios[5] prestigiosos. Pero lo más importante para Felipe… todos celebraron su fama con su reputación intacta y perfecta. Fueron atletas muy queridos. Eran estimados y respetados por todos.

[5]*premios - awards; prizes*

Capítulo 11
Desde el valle a la montaña

Felipe jugó para varios equipos entre 1958 y 1974. Quería continuar jugando, pero ya tenía 39 años y había jugado[1] en 2.082 juegos. Había jugado durante 17 años, excediendo la duración de una carrera[2] típica. Pero con todo su éxito[3] y prosperidad, era una transición difícil para Felipe. Se preguntó: *«¿Puedo acostumbrarme a vivir sin el béisbol?»*. El béisbol era una parte integral de su vida y Felipe no quería abandonarlo.

[1]*había jugado - s/he had played*
[2]*carrera - career*
[3]*éxito - success*

Poco a poco, Felipe hizo[4] la transición de jugador a instructor, pero fue una transición un poco difícil. Felipe prefería jugar, no ser instructor. Pero era evidente que Felipe era un instructor muy talentoso y en 1976, los Montreal Expos lo contrataron como instructor. A punto de comenzar su nueva carrera, Felipe sufrió una tragedia que lo devastó completamente: la muerte[5] trágica de su hijo, Felipe Jr.

Felipe había sufrido[6] pobreza, opresión política, discriminación detestable y desilusión, pero realmente no comprendió el *'sufrimiento'* hasta la muerte de su querido hijo. Felipe había subido a las montañas de la fama, la fortuna y el triunfo, pero ahora estaba en el valle, el valle de la desesperación.

Felipe pasó un año en el valle, pero poco a poco, su espíritu firme y su fe en Jesucristo lo resucitaron. Regresó a su trabajo con los Expos en 1977. Se estableció como un mánager talentoso y bien respetado. Durante toda su carrera, Felipe

[4]*hizo - s/he made*
[5]*muerte - death*
[6]*había sufrido - s/he had suffered*

53

había regresado[7] a la República Dominicana entre las temporadas[8] americanas. Durante los primeros años, había regresado como pelotero, jugando para los Leones del Escogido. Ahora, regresaba como mánager de los Leones. Regresó a la República Dominicana muchas veces y ganó cuatro (4) campeonatos dominicanos.

Felipe continuó trabajando como mánager en las ligas menores durante 17 años. Durante los 17 años, su reputación impecable y su habilidad increíble llamaron la atención de los Expos. Por fin, en 1992, los Montreal Expos lo subieron a Las Grandes Ligas.

[7]*había regresado - s/he had returned (had regressed)*
[8]*temporadas - seasons*

Por segunda vez, Felipe llegó a Las Grandes Ligas, un triunfo histórico. Él fue el primer mánager de origen dominicano en la historia de Las Grandes Ligas. En 1994, ganó el 'Mánager del Año de la Liga Nacional' y al final, se convirtió en el mánager más exitoso en la historia de los Expos. Todos los equipos de Las Grandes Ligas reconocieron su carrera exitosa y muchos querían contratarlo[9].

En el 2003, la carrera espectacular de Felipe Rojas Alou regresó a donde había comenzado[10]… con los Gigantes de San Francisco.

[9]contratarlo - to contract him; to hire him

[10]había comenzado - it had commenced; it had started

El mánager de los Gigantes de San Francisco, Felipe Alou

Felipe se convirtió en el mánager de los Gigantes y en el 2005, repitió un ciclo 'familiar': Los Gigantes contrataron al pelotero, Moisés Alou, el hijo de Felipe. Otra vez, Felipe tenía el privilegio de trabajar en Las Grandes Ligas con su familia. Felipe era mánager de su hijo entre 1992 y 1996, mientras los dos estuvieron con los Expos y ahora era su mánager con los Gigantes de San Francisco.

Padre e hijo hablan en el jardín antes de un juego.
Felipe Alou fue mánager de los Gigantes de San Francisco
entre 2003 y 2006.

Felipe Alou, mánager de los Gigantes de San Francisco, con su hijo, Moisés Alou en 2005.
Felipe también fue mánager de su hijo, Moisés entre 1992 y 1996, mientras los dos estuvieron con los Expos

Felipe continuó como mánager durante cuatro temporadas. En el 2007, Felipe se convirtió en el 'asistente especial' para el 'mánager general' de los Gigantes.

Con determinación, perseverancia y fe, Felipe había salido del valle y había subido[11] a las montañas otra vez. No sólo transformó su vida y su ca-

---

[11]*había subido - he had climbed (up)*

rrera, también transformó el deporte del béisbol en general. Lo transformó en la República Dominicana y por toda Latinoamérica. Es obvio que tuvo un gran impacto en los Estados Unidos también. Su impresionante carrera, irresistible carisma e increíble carácter tuvieron un efecto profundo en la transformación de las actitudes racistas sobre los latinos y los afroamericanos en los Estados Unidos. Su impacto tendrá implicaciones eternas…Es su legado[12].

[12]*su legado - his legacy*

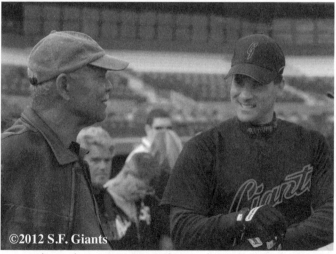

©2012 S.F. Giants

Felipe, el asistente especial para el mánager general de los Gigantes de San Francisco

Epílogo

Al momento de publicar esta historia (mayo del 2012), Felipe Alou todavía trabaja como 'asistente especial' para el 'mánager general' de los Gigantes. El padre de Felipe, José Rojas, cambió de opinión sobre el béisbol. Estuvo muy orgulloso de sus hijos y celebró sus carreras exitosas, pero lo que él más celebró fue la vida exitosa que ellos habían vivido[1].

Felipe, un hombre modesto y respetuoso, comentó durante la entrevista: «No estuve amargado[2] en el pasado y no estoy amargado ahora. Tuve[3] una buena vida». Cuando era solamente un niño, Felipe sintió que iba a hacer algo importante con su vida. Definitivamente, la premonición se cumplió[4].

---

[1]*habían vivido - they had lived*
[2]*no estuve amargado - I was not bitter*
[3]*tuve - I had*
[4]*se cumplió - fulfilled itself*

Glosario

A

a - to, at

a veces - sometimes

abajo - below

abandonar - to abandon

(que) abandonara - (that) s/he, I abandon

abandonarlo - to abandon him, it

abruptamente - abruptly

absoluta - absolute

abusaba - s/he, I abused

(se) acerca - s/he approaches

accidentalmente - accidentally

accidente - accident

aceptable - acceptable

acostumbrarme - to become accustomed to

actitudes - attitudes

actos - acts

adaptarse - to adapt

adelante - forward

admiraron - they admired

aeropuerto - airport

(que) afectara - (that) it affect

afectaron - they affected

afectó - it affected

afroamericanos - African-Americans

agarró - s/he grabbed

agente(s) - agent(s)

ahora - now

al - to the

algo - something

ama - s/he loves

amargado - bitter

americano(a)(s) - American(s)

año(s) - year(s)

anunciador - announcer

apartamento - apartment

apellido(s) - last name(s)

apreció - s/he, it appreciated

aquí - here

área(s) - area(s)

armados - armed

arrogancia - arrogance

asesinaban - they were assassinating; killing

asesinaron - they assassinated; killed

asesinato - assassination; murder

(que) asesinen - (that) they assassinate; murder

así - like this; this way

asistente - assistant

atención - attention

atleta(s) - athletes

atlético - athletic; athlete

atletismo - track and field; athleticism

atrás - behind

atrocidades - atrocities

autobús - bus

ayer - yesterday

B

bajaba - s/he, I was going down, descending

bajaron - they went down; descended

bájate - get down

bájense - get down

bajó - s/he went down; descended

bajo - short

baño - bathroom

bateaba - s/he, I was batting

bateaban - they were batting

bateador - batter

bateando - batting

batear - to bat

bebé - baby

béisbol - baseball

beisbolista(s) - baseball players

benefició - s/he benefitted

bien - well; fine

blanco(a) - white

blancos(as) - whites

bloqueó - s/he blocked

bueno(a) - good

buenos(as) - good

buscador (de talento) - (talent) scout

C

calle - street

cambiaron - they changed

cambió - s/he changed

campeonato(s) - championships

campo - field

capacidad - capacity; ability

capital - capital

carácter - character

característica - characteristic

(mar) Caribe - Caribbean Sea

carisma - charisma; charm

carpintero - carpenter

carrera(s) - races

carro(s) - cars

casa(s) - house(s)

casi - almost

caso - case

causaría - s/he, I, it would cause

celebraba - s/he, I was celebrating

celebraron - they celebrated

celebró - s/he celebrated

centroamericanos - Central Americans

chica(s) - girl(s)

chico(s) - boy(s)

chofer - driver; chauffer

ciclo - cycle

circular - circular

circunstancias - circumstances

ciudad - city

clientes - clients

clínicas - clinics

colegial - collegiate

combatió - s/he combatted

comentó - s/he commented

(había) comenzado - (s/he, I had) begun; commenced

comenzar - to begin; commence

comenzó - s/he began; commenced

comer - to eat

comerlos(las) - to eat them

cometió - s/he committed

comida - food

comieron - they ate

comió - s/he ate

comisión - commission

como - like; as; since

compañero(s) - companions

compasión - compassion

competir - to compete

completa - complete

completamente - completely

comprar - to buy

comprarles - to buy for them

compraron - they bought

comprender - to understand; to comprehend

comprendió - s/he understood

comprendo - I understand

compró - s/he bought

comunes - common

comunicarse - to communicate

comunidad - community

con - with

(que) concentrara - (that) s/he, I concentrate

concentrarse - to concentrate

concentró - s/he concentrated

condición(es) - conditions

confianza - confidence

conflicto - conflict

confuso - confused

conmoción - commotion

consecuencias - consequences

considerar - to consider

consideraron - they considered

construcción - construction

construyó - s/he constructed; built

contemplando - contemplating

contento(s) - content

continuar - to continue

continuaron - they continued

continuo - I continue

continuó - s/he continued

contratarlo - to contract him; to hire him

contrataron - they contracted; they hired

contrato - contract

controlaba - s/he, I was controlling; you were controlling

convencerlo - to convince him

convincentes - convincing

(se) convirtió - s/he converted; became

correcto - correct

corregir - to correct

corruptos - corrupt

costa - coast

costumbre - custom; tradition

crac - crack

criollo - creole; a new language formed from the contact of two languages

cruel - cruel

cruelmente - cruelly

cuando - when

cuatro - four

cuidad - city

cumplió - s/he fulfilled

D

de - from; of; about

decía - s/he, I was saying, telling

decidieron - they decided

decidió - s/he decided

decir - to say; to tell

decisión - decision

declaró - s/he declared

dedicaban - they dedicated

dedicación - dedication

dedicado(s) - dedicated

(que) dedicaran - (that) they dedicate

dedicarse - to dedicate oneself

dedicó - s/he dedicated

definitivamente - definitely

del - from the; of the

delantera - front, forward

delegación - delegation

deliberación - deliberation

delicioso - delicious

democracia - democracy

deplorable - awful; deplorable

deporte(s) - sport(s)

deportivas - athletic, sport, sporty

desafortunadamente - unfortunately

desesperación - desperation, despair

desgracia - disgrace

designado(a)(s) - designated

desilusión - disillusion; disappointment

desilusionado - disillusioned; disappointed

después - after

destino - destiny

determinación - determination

detestaba - s/he, I detested; hated

detestable - detestable; deserving intense dislike

detrás - behind

devastado - devastated

devastó - s/he, it devastated

dictador - dictator

dictadura - dictatorship

diferencia - difference

diferente - different

difícil - difficult

dijo - s/he said; told

diligentes - dilligent

dinero - money

(le) dio - s/he gave (to him, her)

director - director

disco - disk

discriminación - discrimination

discriminatorias - discriminatory

disgustado - disgusted

distinguir - to distinguish

distracciones - distractions

distrito - district

doctor - doctor

dominicano(s) - Dominican(s)

dónde - where

dos - two

duración - duration

durante - during

E

e - and

economía - economy

económico - economical

educación - education

efecto - effect

ejercicio - exercise

el - the

él - he

elegante(s) - elegant

eliminar - to eliminate

eliminarlo - to eliminate it; him

eliminarlos - to eliminate them

(que) eliminen - (that) they eliminate

elimínenlos - eliminate them

ellos - they

emocionado - excited

en - in

encontraron - they found; encountered; met

encontrarse - to encounter; to meet

encontró - s/he found; encountered; met

energía - energy

enorme - enormous

entendía - s/he, I understood

entendió - s/he understood

entonces - then

entraba - s/he, I was entering

entrada(s) - entrance(s)

entrar - to enter

(que) entrara - (that) s/he, I enter

entraron - they entered

entre - among; between

entrenador(es) - coach(es); trainer(s)

entrenamiento - training

entrenar - to train

entrevista - interview

entró - s/he entered

entusiasmo - enthusiasm

equipo(s) - team(s)

era - s/he, I was; you were; it was

eran - they were

eres - you are

error - error

es - is

escenario - stage

escuela(s) - school(s)

ese - that

eso - that; that one

espacios - spaces

español(a) - Spanish

especial - special

especialmente - especially

espectacular - spectacular

esperaba - s/he, I was waiting; hoping

esperaban - they were waiting; hoping

esperando - waiting; hoping

esperar - to wait; to hope

esperaron - they waited; hoped

esperó - s/he waited for; hoped

espíritu - spirit

está - s/he is; it is

esta - this

este - this

estaba - s/he, I was; it was

estaban - they were

estable - stable

estableció - s/he established

estación - station

estadio - stadium

estados - states

Estados Unidos - United States

están - they are

estar - to be

estimados - esteemed

estos - these

estoy - I am

estrés - stress

estudiante - student

estudios - studies

estuve - I was

estuvo - s/he was

eternas - eternal

eternidad - eternity

evidencia - evidence

evidente - evident

exactamente - exactly

excediendo - exceeding

excelente - excellent

excepción - exception

exclamó - s/he exclaimed

exclusivamente - exclusively

(que) exista - (that) s/he, it exists

existía - s/he, I existed

existían - they existed

(tener) éxito - to have success; [to be successful]

exitoso(a)(s) - successful

expectativa(s) - expectations

experiencia - experience

experto(s) - expert(s)

explicó - s/he explained

expulsar - to expel; to kick off

expulsó - s/he expelled; kicked off

extraordinario(a) - extraordinary

extrema - extreme

F

familia - family
familiar(es) - family; familiar; family member(s)
famoso(a)(s) - famous
fanático(s) - fans (admirers)
fans - fans (admirers)
fantástico - fantastic
fatiga - fatigue
(por) favor - please
favorable - favorable
fe - faith
felices - happy
feliz - happy
fenomenal - phenomenal
fila - line
(por) fin - finally
final - final; end
financieros - financial
firmar - to sign
firmaron - they signed
firme - firm
firmemente - firmly
firmó - s/he signed
forma - form; shape
formar - to form
formaron - they formed

fortuna - fortune
frecuentemente - frequently
frente - front
frutas - fruits
fue - s/he went, was; it went, was
(que) fuera - (that) s/he, I be; (that) s/he, I go
(que) fueran - (that) they be; (that) they go
fueron - they went; were
furia - fury
furioso(s) - furious
futuro - future

G

gana - s/he wins
ganaba - s/he, I was winning
ganar - to win
ganaron - they won
ganó - s/he won
garaje - garage
general - general
gente - people
gigante(s) - giant(s)
gracias - thank you
grado - grade
(se) graduó - s/he graduated

gran - great

grande(s) - big

gritaban - they were yelling

gritándole - yelling at him

gritaron - they yelled

gritó - s/he yelled

gritos - shouts; cheers

H

había - s/he had; there was; there were

había comenzado - s/he had commenced; started

había jugado - s/he had played

había regresado - s/he had returned

había sufrido - s/he had suffered

habían vivido - they had lived

habilidad(es) - ability(ies)

habitación(es) - room(s)

habla - s/he talks, speaks; you talk, speak

hablaba - s/he, I was speaking, talking

hablaban - they were speaking; talking

hablar - to speak; talk

(que) hablara - (that) s/he, I speak

(que) hablaran - (that) they speak

hablaste - you spoke; talked

hablé - I spoke; talked

habló - s/he spoke; talked

hacen - they make; do

hacer - to make; do

hacía - s/he, I made; did

hacia - toward

haciendo - making; doing

haitiano(s) - Haitians

(tenía) hambre - (s/he, I had) hunger; was hungry

hamburguesa(s) - hamburgers

hasta - until

hay - there is; there are

hermano(s) - brother(s); brothers and sisters

hicieron - they made; did

hijo(s) - child(ren); son(s)

historia - history; story

histórico - historical

hizo - s/he made; did
hombre - man
honor - honor
hora(s) - hour(s)
horrible(s) - horrible
hospitales - hospitals
hotel(es) - hotel(s)

I

iba - s/he, I was going
iban - they were going
idea - idea
ignorar - to ignore
ignoró - s/he ignored
imaginaba - s/he, I imagined
imaginables - imaginable
impaciencia - impatience
impacto - impact
impecable - impeccable
implicación(es) - implications
importante(s) - important
(le) importó - it was important, mattered (to him)
impresionados - impressed
impresionando - impressing
impresionante(s) - impressive

impresionó - s/he impressed
incapacidad - incapability
incluso - including
incorrectamente - incorrectly
incorrecto - incorrect
increíble - incredible
indicación - indignation; anger or annoyance at an unfair situation
ingeniosa - ingenious
inglés - English
inocente(s) - innocent
insistían - they insisted
insistió - s/he insisted
instante - instant
instructor - instructor
intacta - intact
integral - integral; vital
integridad - integrity; with honesty and good ethics
inteligencia - intelligence
inteligente - intelligent
intensamente - intensely
intentó - s/he intended; tried
interceptaron - they intercepted

internacional(es) - international

ir - to go

ironía - irony

irresistible - irresistible

irritado - irritated

isla - island

J

jabalina - javelin

jardín - garden

jesucristo - Jesus Christ

jonrón - home run

juego(s) - game(s)

(que) juegues - (that) you play

jugaba - s/he, I was playing

jugaban - they were playing

(había) jugado - (s/he had) played

jugador(es) - player(s)

jugando - playing

jugar - to play

jugó - s/he played

K

kilómetro(s) - kilometers

L

la - her; it; the

lanzador - pitcher; thrower

lanzamiento - pitch; throw

lanzar - to pitch; to throw

lanzó - s/he pitched; s/he threw

las - the

latino(a) - Latino

latinoamérica - Latin America

latinoamericano - Latin American

latinos(as) - people of Latin American origin or descent

legado - legacy

legislación - legislation; the making of laws

legítima - legitimate

ley(es) - law(s)

líder - leader

liga(s) - league(s)

lista - list

llama - s/he calls

(se) llama - s/he calls him/herself; [his/her name is]

llamaba - s/he called

(se) llamaba - s/he called him/herself; [his/her name was]

llamaban - they were calling

llamando - calling

llamaron - they called

llamó - s/he called

llegar - to arrive

llegaron - they arrived

llegó - s/he arrived

llevaban - they were taking; carrying

llevando - taking; carrying

llevar - to take; carry

lo - him; it

lo que - what; that which

lo siento - I'm sorry

los - them; the

M

machetes - machetes; large knives used for hacking vegetation

madera - wood

madre - mother

malas - bad

maleta(s) - suitcase(s)

mánager - manager

manera - manner; way

mantenían - they maintained

mar - sea

mar Caribe - the Caribbean Sea

maravilla - marvel; wonder

marzo - March

más - more

masacre - massacre

mayo - May

mayor - older; major

medalla - medal

médicos - doctors

menores - minors; younger

menos - less; fewer

mentira - lie

meses - months

mi(s) - my

mientras - while

militar(es) - military

minuto(s) - minutes

mismo(a) - same

modesto - modest

momento - moment

montañas - mountains

moverse - to move

movimiento - movement

movió - s/he, it moved

(se) movió - s/he moved

muchísimo - very much; a whole lot

mucho(a)(s) - a lot

muerte - death

muy - very

N

nación(es) - nations

nacional - national

nada - nothing

nadie - no one

negativo - negative

negro(a)(s) - black

nervioso(s) - nervous

ni - neither; nor

ningún - not any; not one

ninguno(a) - not any; not one

niño(s) - child(ren)

no - no

nombre - name

normalmente - normally

notaba - s/he, I noticed; noted

notaban - they noticed; noted

notable(s) - notable

(que) notara - (that) s/he, I notice; note, sense

notaron - they noticed; noted; sensed

notó - s/he noticed; sensed

noviembre - November

nuestros - our

nueve - nine

nuevo(s) - new

O

o - or

observaban - they were observing

observando - observing

observar - to observe

observaron - they observed

observó - s/he observed

obstáculo(s) - obstacle(s)

obtener - to obtain

obvio - obvious

ocasiones - occasions

ocurriendo - occurring

oficial(es) - official(s)

oficina - office

olía - s/he, it smelled

olían - they smelled

olió - s/he, it smelled

olor - odor; smell

opciones - options

(¿qué) opinaría? - (what) would s/he think?; what would his/her opinion be?

opinión - opinion

oportunidad - opportunity

oposición - opposition

opresión - oppression

opresivo - oppressive

órden - order

ordenó - s/he ordered

ordinario - ordinary

organizó - s/he organized

orgullo(s) - pride

orgulloso(s) - proud

origen - origin

oro - gold

otra (vez) - again

otro(a)(s) - others

P

paciencia - patience

pacífico - Pacific

padre(s) - father (parents)

palabra(s) - word(s)

panamericanos - Pan American

para - for

paraba - s/he, I was stopping

paraíso - paradise

parándose - was stopping

paró - s/he, it stopped

parte(s) - parts

participación - participation

participar - to participate

(que) participe - (that) s/he, I participate

particular - particular

pasado - past

(había) pasado - (it had) happened

pasamos - we pass

pasando - passing; happening

pasaron - they passed

pasó - s/he, it passed

(¿Qué) pasó? - (What) happened?

pelota - ball

pelotero(s) - ball player

perejil - parsley

perfectamente - perfectly

perfecto(a) - perfect

(se) permite - it is permitted; allowed

permitían - they permitted; allowed

(que) permitieran - (that) they allow

permitió - s/he permitted; allowed

permitir - to permit; allow

permitiría - s/he, I would permit; allow

pero - but

perseverancia - perseverance

persona(s) - person (people)

piso(s) - floor(s)

plan - plan

planeaban - they were planning

plato - plate; dish

playas - beaches

pobreza - poverty

(un) poco - (a) little

pocos - few

podemos - we can; are able

podía - s/he, I could; s/he, I was able

podían - they could; were able

podrás - you will be able to

podría - s/he, I would be able to

policía - police; police officer

político(a)(s) - political; politicians

popular - popular

por - for; by; through

por favor - please

por fin - finally

por qué - why

porque - because

posible - possible

posición - position

positivos - positive

practicaba - s/he, I was practicing

practicaban - they were practicing

practicando - practicing

practicar - to practice

(que) practicaran - (that) they practice

(que) practiquen - (that) they practice

preciosos - precious

prefería - s/he, I preferred

preferían - they preferred

preguntó - s/he asked

premios - prizes

(se) preparaba - s/he was getting ready

prepararse - to prepare oneself; to get ready

prestigiosos - prestigious

primaria - primary

primero(a)(s) - first

principal - principal; main

privilegio - privilege

problema(s) - problem(s)

profesión - profession

profesional(es) - profesional(s)

profesionalmente - professionally

profundo - profound; deep

progreso - progress

prohibido - prohibited; forbidden

pronunciaba - s/he, I pronounced

pronunciación - pronunciation

pronunciar - to pronounce

prosperidad - prosperity

protección - protection

publicar - to publish

público - public

pueden - they can

puedes - you can

puedo - I can

punto - point

Q

que - that

(lo) que - what; that which

qué - what

queremos - we want

quería - s/he, I wanted

querían - they wanted

querido - beloved; loved

quiere - s/he wants

quieren - they want

quieres - you want

quiero - I want

R

racismo - racism

racistas - racists

Glosario

raza - race
reaccionó - s/he reacted
realmente - really
recibe - s/he receives
(que) recibieran - (that) they receive
reconocieron - they recognized
reconoció - s/he recognized
reflexión - reflection
reflexionó - s/he reflected
regresaba - s/he, I was returning
(había) regresado - (s/he, I had) returned
regresar - to return
regresaron - they returned
regreso - return
regresó - s/he returned
repetía - s/he, I was repeating
repitió - s/he repeated
representar - to represent
representarlo - to represent him
represión - repression
república - republic
reputación - reputation

reservaciones - reservations
respetable - respectable
respetado(a)(s) - respected
respeto - respect
respetuoso - respectful
respondió - s/he responded
responsable - responsible
respuesta - answer; response
restaurante(s) - restaurant
resto - rest
resucitaron - resucitated
reunión - reunion
rey - king
rifles - rifles
rígido - rigid
ruta - route

S

salía - s/he, I was leaving
salían - they were leaving
(había) salido - (s/he, I had) left
salieron - they left
salió - s/he left
salir - to leave
sándwich(es) - sandwich(es)

santo y seña - shibboleth: a linguistic marker to distinguish one group from another

(había) subido - (s/he had) gotten in, on; gone up

sección - section

secreto - secret

secundaria - secondary

segregación - segregation

segundo(a) - second

seis - six

seleccionar - to select

seleccionó - s/he selected

señor - mister, Mr., a man

(se) sentaba - s/he was sitting; you were sitting

(se) sentaban - they were sitting

(que) (se) sentara - (that) s/he, I sit

(se) sentaron - they sat

sentarse - to sit down

(se) sentía - s/he was feeling

(se) sentían - they were feeling

(se) sentó - s/he sat

septiembre - September

ser - to be

sería - s/he, I would be; it would be

servicio - service

severidad - severity

si - if

sí - yes

siguiente - following

sin - without

(se) sintió - s/he felt

situación - situation

sobre - about

social - social

solamente - only

sólo - (see: *solo*) although the Academia Real no longer uses an accent on sólo when it carries the meaning "only," the accent is used in this book to aid comprehension

solo(a)(s) - alone; only

sombrero - hat

son - they are

su(s) - his; her; their

(se) subía - s/he got in, on; was getting in, on; s/he went up; was going in, up

(se) subieron - they got in, on; went up

(se) subió - s/he got in, on; went up

sufría - s/he, I was suffering

(había) sufrido - (s/he, I had) suffered

sufrimiento - suffering

sufrió - s/he suffered

sufrir - to suffer

súper - super

T

táctica(s) - tactics

talento - talent

talentoso(a)(s) - talented

también - also; too

tampoco - either

tan - so

tanto(a) - as much

taxi - taxi

taxista - taxi driver

técnicas - techniques

temporadas - seasons

tendrá - s/he will have

tenemos - we have

tener - to have

tenía - s/he, I had

tenían - they had

tensión - tension

tentación - temptation

terroristas - terrorists

ti - you

tienda(s) - store(s)

tiene - s/he has

tienen - they have

tienes - you have

tímido - timid

típica - typical

todavía - still

todo(a)(s) - all; everything; everyone

tono - tone

total - total

trabaja - s/he works

trabajando - working

trabajar - to work

trabajo - job

tragedia - tragedy

trágica - tragic

traje(s) - suit(s)

transformación - transformation

transformó - s/he transformed

transición - transition

trasera - rear
tremendo(a) - tremendous
tres - three
triunfo - triumph
tropical(es) - tropical
tú - you
tuve - I had
tuvieron - they had
tuvo - s/he had

U

última - last
único - only
unido(a)(s) - united
uniforme - uniform
universidad - university
universitarios - universities
uno(a)(s) - one; some
un poco - a little
usa - s/he, it uses
usan - they use
usar - to use
usaron - they used
(que) usen - (that) they use

V

va - s/he goes
vacaciones - vacations

valle - valley
vamos - we go
varios(as) - various; several
vas - you go
veces - times
versus - versus
vez - time
victorias - victories
vida(s) - life (lives)
violencia - violence
violento - violent
visa - visa (a document allowing a visitor, student,
or worker to enter a
country legally)
visión - vision
visitan - they visit
(que) vivan - (that) they live
vivía - s/he, I was living
vivían - they were living
(había) vivido - (s/he, I had)
lived
viviendo - living
(que) vivieran - (that) they
live
vivió - they lived
vivir - to live
votar - to vote

Glosario

votó - s/he voted

voz - voice

Y

y - and

ya - already

ya no - no longer; not any
more

yo - I

Z

zona(s) - zone(s); area(s)

More compelling reads to inspire and engage you!

40+ titles to choose from!

ALSO AVAILABLE AS E-LEARNING MODULES.

Fluency Matters

Fluencymatters.com